Nuestras amigas las zarigüeyas

A mis crías, Ulysse y Azélie,

Con profundo agradecimiento a Fab y

a todos los que contribuyeron

al nacimiento de este libro.

Impreso en los Estados Unidos de América
Primera impresión, 2020

ISBN 978-1-7345424-2-4

Moonflower Press LLC
Atlanta, Georgia

Para solicitudes de permiso, contacte a Moonflower Press:
www.moonflowerpress.com

Nuestras amigas las zarigüeyas

Escrito por Gina Gallois
Ilustrado por Aleksandra Bobrek

Las zarigüeyas bebés llegan a ser **grandes**,
pero al nacer son tan **chiquitas**,
del tamaño de una perla,
que caben trece en la bolsa de mamita.

¿Sabías?

Las zarigüeyas son **marsupiales**, mamíferos que tienen una bolsa externa en el vientre. Las crías nacen luego de unos trece días de gestación en el útero de la madre. Al nacer, trepan hasta la bolsa para amamantar y mantenerse calientitas durante su desarrollo.

Al nacer, las crías tienen los ojos cerrados,
son **lampiñas**, suaves y rosadas.
Al crecer, se vuelven muy **peludas**,
y Mamá queda encantada.

¿Sabías?

A las dos o tres semanas de vida, les empieza a salir
pelo y cambian de color. Abren los ojos alrededor de
las ocho o diez semanas.

Su pelaje puede ser oscuro o claro,
aunque muchas llevan traje gris,
tienen grandes ojos **negros**,
un largo hocico **blanco** y la cola color regaliz.

Hablemos zarigüeya

¿Las zarigüeyas se parecen a algún otro animal
que hayas visto?

Con su cola larga y lisa
La zarigüeya puede agarrar y enroscarse.
Esa cola única le ayuda a **trepar**
y la sostiene si está por **caerse**.

¿Sabías?

La zarigüeya utiliza su **cola prensil** para llevar cosas,
como las hojas con las que hace su nido. La cola
también la ayuda a trepar y a aferrarse en caso de
caídas. A veces, las crías se agarran con sus colas
y cuelgan cabeza abajo, pero al crecer pierden esta
habilidad.

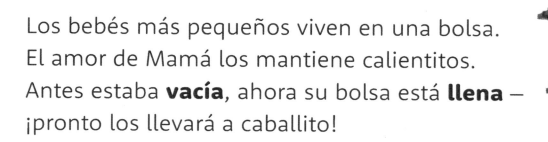

Los bebés más pequeños viven en una bolsa.
El amor de Mamá los mantiene calientitos.
Antes estaba **vacía**, ahora su bolsa está **llena** —
¡pronto los llevará a caballito!

¿Sabías?

La **bolsa** de la mamá zarigüeya es como un bolsillo
peludo que tiene en su vientre. Ahí puede cuidar y
amamantar hasta a trece crías. Cuando ya no caben en
la bolsa, la mamá las lleva a cuestas. Se aferran a su
pelaje con sus dedos largos.

Hablemos zarigüeya

¿Tu mamá tiene una bolsa? ¿A cuántos niños puede
cargar en su espalda?

Las zarigüeyas son nocturnas.
No las verás al mediodía.
En el **día** duermen sin vergüenza alguna,
pero en la **noche**, salen con la luna.

¿Sabías?

Los animales que duermen de día y salen de noche a buscar comida son nocturnos. Los murciélagos, búhos y mapaches también son nocturnos. De vez en cuando se puede ver a una mamá zarigüeya de día, buscando comida para sus crías hambrientas.

Hablemos zarigüeya

¿Eres nocturno? ¿Y tus padres?

Alimentar a las crías es el deber de Mamá.
No te imaginas lo que tiene que **bregar**
para calmarles el hambre y que ellas,
contentas, puedan crecer y **jugar**.

¿Sabías?

La mamá zarigüeya carga a los bebés a todos lados
hasta que ya no necesitan amamantar, lo que sucede
a los tres o cuatro meses de edad. A partir de ese
momento, las zarigüeyas se independizan, ya que son
animales solitarios.

A las zarigüeyas les gusta limpiar y reusar.
Ellas no van a restaurantes.
Nuestra **basura** es para ellas un **tesoro** –
¡Se la comen sin necesidad de guantes!

¿Sabías?

Las zarigüeyas no son mañosas. Son **omnívoras**:
es decir, comen animales y plantas. Les encantan
las frutas y bayas muy maduras. También comen
garrapatas, insectos, gusanos, ratones, culebras, y
hasta carroña (restos de animales muertos).
¡En la naturaleza nada se desperdicia!

Hablemos zarigüeya

Y tú, ¿eres mañoso?

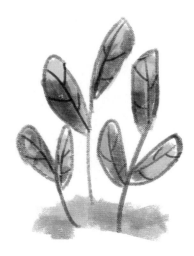

Hay gente que cree que las zarigüeyas
tienen gérmenes que nos pueden **enfermar**.
De hecho, nos ayudan a estar **sanos**,
Porque las garrapatas son su manjar.

¿Sabías?

Las **garrapatas** son arácnidos, como las arañas. Se
alimentan de la sangre de animales y humanos. Las
garrapatas transmiten la enfermedad de Lyme, que
puede llegar a ser grave. Una zarigüeya puede comer
hasta 5.000 garrapatas al año, lo que contribuye
a reducir la población de insectos que nos podría
contagiar la enfermedad.

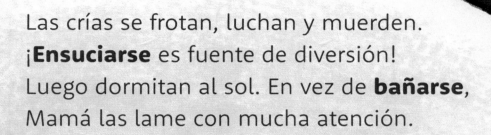

Las crías se frotan, luchan y muerden.
¡**Ensuciarse** es fuente de diversión!
Luego dormitan al sol. En vez de **bañarse**,
Mamá las lame con mucha atención.

¿Sabías?

Las zarigüeyas tienen **memoria olfativa**, lo que las ayuda a recordar lugares seguros y caminos que pueden tomar para conseguir comida. Cuando encuentran algo que les gusta, lamen y frotan su cabeza en ese objeto.

Hablemos zarigüeya

¿Tienes memoria olfativa?
¿Qué olores te hacen sentir seguro?

Con sus colmillos afilados,
las zarigüeyas se ven **aterradoras**.
En realidad, te tienen tanto **miedo** a ti
que en vez de huir, se paralizan a deshoras.

¿Sabías?

Las zarigüeyas no son agresivas. El
mostrar los dientes y babear es su
mecanismo de defensa, pero rara vez
muerden. A veces, cuando se sienten
acorraladas, el miedo y el estrés las
hacen desmayarse. Esta reacción
desanima a los depredadores.

Cuando se sienten amenazadas,
Las zarigüeyas "se hacen las **muertas**".
En caso de peligro, esta táctica les da
la oportunidad de seguir **vivas**.

¿Sabías?

La zarigüeya no finge estar muerta. El desmayarse es
una respuesta involuntaria que la ayuda a sobrevivir.
Su respiración y ritmo cardíaco bajan. Babea y
emite un olor desagradable que les hace creer a los
depredadores que no es buena presa. Se puede
quedar así hasta por cuatro horas.

Hablemos zarigüeya

¿Cómo reaccionas tú cuando tienes miedo?

Cuando algo las asusta,
las zarigüeyas **se paralizan**,
petrificadas de miedo.
Cuando pasa el peligro, **se van**.

¿Sabías?

Cuando tiene miedo, la zarigüeya a veces se paraliza;
se rehúsa a moverse porque siente que está en peligro.
Si ves una así, la puedes ayudar dejándola tranquila
o alejando a tu perro, para que ella pueda sentirse
segura y seguir su camino.

Hablemos zarigüeya

¿Cuánto tiempo te puedes quedar inmóvil,
sin mover ni un pelo?

petrificada de miedo

Acurrucadas en la bolsa de Mamá,
las crías viajan con **seguridad**.
Los autos siempre serán un **peligro**,
pero Mamá las protege con tenacidad.

Tú puedes ayudar

Si encuentras a una zarigüeya herida, pídele ayuda a
un adulto. Recuerda que, si es hembra, podría llevar
crías en su bolsa que requieran de cuidado especial
para poder sobrevivir.

También puedes ayudar contándoles a tus amigos
todas las cosas geniales que has aprendido sobre
las zarigüeyas, para que ellos también sepan por qué
debemos protegerlas.

A veces, cuando ven algo extraño,
las zarigüeyas parecen sisear.
Los desconocidos temen una **mordedura**
pero a Mamá le dan **besos** de ternura.

¿Sabías?

Por la manera como abre la boca, la zarigüeya parece
que sisea. En realidad, el sonido que emite es más
similar a un gruñido. Las crías pían y las mamás hacen
chasquidos para comunicarse con ellas.

Los perros y gatos son excelentes **mascotas** —
Pueden llegar a ser tu mejor amigo.
Las zarigüeyas son lindas pero **salvajes**:
en la naturaleza encuentran su abrigo.

¿Sabías?

Hay especialistas en rehabilitación de fauna salvaje;
son gente que recibe formación especial para cuidar
animales salvajes enfermos o heridos. Cuando se
recuperan, ellos los devuelven a su hábitat natural.

¿Sabías?

La zarigüeya de Virginia es la única especie de marsupial autóctona de Estados Unidos y Canadá. Hay muchas otras especies en México, Centroamérica, Suramérica y Australia.

En inglés, existen dos palabras para referirse a estos animalitos: possums y opossums. Aunque en el día a día las dos se usan indistintamente, son animales distintos: los possums (que también son marsupiales) viven en Australia e Indonesia.

Las zarigüeyas son originarias del continente americano y se distribuyen desde Canadá hasta Argentina. Se les conoce con diferentes nombres, dependiendo de la región y del país. Algunas denominaciones regionales son:

Argentina: comadreja; **Brasil**: gambá, mucura, sarigué; **Bolivia**: carachupa, comadreja; **Colombia**: fara, faro, runcha, chucha; **Costa Rica**, **Panamá**: zorro, zorra; **Ecuador**: raposa, huanchaca, zorro; **El Salvador**, **Honduras**: tacuazín, guasalo; **Guatemala**: tacuacín, **México**: tlacuache, tacuacín, tacuache; **Nicaragua**: zorro de cola pelada; **Paraguay**: mykure o comadreja; **Perú**: muca, huanchaco, canchaluco; **Uruguay**: comadreja overa; **Venezuela**: rabipelado, churro, quengue, faro

En inglés, a los machos los llaman "jack" y a las hembras las llaman "jill"

Debido a su baja temperatura corporal, las zarigüeyas son casi completamente inmunes a la rabia, una enfermedad grave que se transmite por mordeduras de animales.

Las hembras tienen un total de trece pezones: doce organizados en círculo y uno más en el centro. Las mamás pueden llegar a tener hasta tres camadas al año: ¡son muchísimos bebés!

Las zarigüeyas también son inmunes al veneno de serpiente. Contribuyen a controlar esta población, ya que las serpientes venenosas forman parte de su dieta.

En caso de emergencia, para encontrar a especialistas en rehabilitación de zarigüeyas, ve a la página de The Opossum Society, o contacta al grupo Opossum Hotline en Facebook.

Made in the USA
Coppell, TX
02 March 2021